So nutzen Sie dieses Themenheft

DAS KONZEPT

Dieses Heft ist für die Klassenstufen 3 und 4 bei Klassengrößen von 16 bis 28 Kindern entwickelt worden und deckt im Schnitt zwölf Unterrichtsstunden ab.

Experimentieren an Stationen folgt den Prinzipien des Lernens an Stationen. Allerdings ist es auf die speziellen Bedingungen des Schülerexperiments in der Grundschule zugeschnitten: Da alle Versuche grundsätzlich von den Kindern allein, ohne die Hilfe der Lehrerin, durchgeführt werden sollen, müssen manche Schritte genau dargestellt werden, um Risiken auszuschließen.

In jeder Station steht jeweils nur ein Phänomen im Vordergrund. Auf diese Weise können sich die Kinder auf eine Fragestellung konzentrieren und sie mit ihrem Partner besprechen.

Dabei entdecken sie erfahrungsgemäß andere Aspekte und Anwendungen von selbst, „erfinden" weitere Experimente und führen sie durch.

Ergebnissicherung

Experimentieren an Stationen erfordert neben der individualisierten Arbeit in Zweierteams immer wieder Phasen, in denen alle Kinder der Klasse zusammenkommen, um von ihren Versuchen zu berichten und sich über ihre Erkenntnisse und Vermutungen auszutauschen. Günstig sind hierfür Gesprächskreise. Ob diese die Stationsarbeit eröffnen, unterbrechen oder abschließen, werden Sie als Lehrerin ebenso entscheiden wie die Frage, welche Beiträge hervorgehoben werden sollen. So kann man z. B. bereits während des Experimentierens bestimmte Kinder bitten, eine Darstellung ihres Versuchs vorzubereiten.

Am Ende des ganzen Unterrichtsvorhabens können „Workshops" stehen. Sie ermöglichen eine Ergebnissicherung des Ganzen. Kindergruppen mit bis zu vier Mitgliedern stellen dabei je einen ausgewählten Versuch erneut vor und erklären ihn als „Experten". Mit Hilfe der Lehrerin wird eine Zusammenschau möglich. Querverbindungen werden erkennbar.

Neben dieser Form der Ergebnissicherung lassen sich Notizzettelplakate, Hefter, Portfolios, Forscherbücher usw. anlegen. Auch beschriftete Zeichnungen eignen sich oder „Klassenbücher", zu denen jedes Paar nur einen Beitrag leistet. Da die Kompetenzen hier jedoch ebenso wie die Vorlieben weit streuen, geben die Stationsblätter keine Form der Ergebnissicherung vor. Sie enthalten aber zum Teil Anregungen, was mündlich, zeichnerisch oder schriftlich festgehalten werden könnte.

Lernertrag

Der Lernertrag auf der Sachebene ist oben schon angesprochen worden. Dass auch andere Kompetenzen verbessert werden, die mit dem Experimentieren in Zusammenhang stehen, liegt auf der Hand:

Die Stationsblätter stellen ein sinnvolles Lesetraining dar; um die Versuche erfolgreich durchführen zu können, muss sinnentnehmend gelesen werden.

Die vielfältigen Gesprächsanlässe tragen zu einer Erweiterung des Wortschatzes bei. Sie ergeben sich ganz natürlich aus dem Umgang mit den Materialien und sind am Konkreten orientiert. Hier können die Kinder gemeinsam oder mit der Lehrerin das treffende Wort finden.

Darüber hinaus ergeben sich Schreibanlässe, wie sie weiter oben angedeutet wurden.

Experimentieren an Stationen bewirkt also weit mehr als eine Erweiterung der naturwissenschaftlichen Kenntnisse und der mit dem Experimentieren verbundenen Fähigkeiten und manuellen Fertigkeiten; es realisiert auch viele Ziele des Deutschunterrichts. Dieser Hinweis sei im Hinblick auf die oft knappen Unterrichtsstunden gestattet.

Organisatorisches

Wie auch beim Lernen an Stationen sollen die Kinder in der Wahl der Stationen frei sein. Dies gilt auch für die Anzahl und die Reihenfolge der Stationen, die sie bearbeiten. Falls Sie es wünschen, können Sie die Ihnen unverzichtbar erscheinenden Stationen kennzeichnen.

Die Schüler notieren ihren Bearbeitungsstand zweimal: einmal auf ihrer individuellen „Übersicht über die Stationen" und ein zweites Mal auf deren vergrößerter Form als A3-Plakat. So weiß jedes Kind, wie viel es schon geschafft hat. und aus dem Plakat können Sie als Lehrerin ebenso wie die Kinder erkennen, wer inzwischen „Fachmann" für ein bestimmtes Experiment geworden ist.

Sozialformen
Partnerarbeit:

Als vorherrschende Sozialform ist Partnerarbeit vorgesehen. Sie bietet eine Reihe von unverzichtbaren Vorteilen:

☐ Sie macht in Kombination mit dem Lernen an Stationen den Materialeinsatz ökonomisch.

☐ Sie führt zwischen den Schülern zu den so wichtigen Gesprächen über den erwarteten Versuchsausgang, über das Gesehene und über denkbare Erklärungen.

Eine Hilfe für die Weiterentwicklung der Methodenkompetenz „Partnerarbeit" im Zusammenhang mit Versuchen erhalten die Kinder u. a. durch das Blatt „Experimentieren an Stationen", das gemeinsam besprochen werden soll.

Gesprächsrunden und Gruppenunterricht:
In allen Stunden ist Gelegenheit für Kreisgespräche. Für die Workshops bereiten die Kinder in der Regel zu viert je einen Versuch vor. Es kommt also zu arbeitsteiligem Gruppenunterricht.

VORBEREITUNG DES UNTERRICHTS

- ☐ Legen oder hängen Sie Kopien der Stationsblätter in Klarsichthüllen so aus, dass die Kinder eine gute Übersicht haben. Doppelseiten legt man am besten Rücken an Rücken.

- ☐ Das „Lösungsversteck" kann man abtrennen und in einem Umschlag beifügen. Wer es lieber an dem Stationsblatt belässt, sollte es nach hinten knicken und mit der Klasse den richtigen Gebrauch besprechen.

- ☐ Nach unserer Erfahrung gehen die Kinder mit diesem Angebot sehr vernünftig und verabredungsgemäß um. Sie lesen es häufig gar nicht oder wirklich erst, wenn sie ihre Versuche und vor allem ihre Gespräche darüber abgeschlossen haben. Was in den „Lösungsverstecken" steht, ist keinesfalls als Merksatz oder Lernziel aufzufassen. Es soll auch keine Festlegung auf eine Terminologie bewirken.

- ☐ Im „Lösungsversteck" finden die Kinder entweder eine Bestätigung, weil sie sinngemäß das Gleiche herausgefunden haben, oder eine Ermutigung, den Versuch einfach noch einmal zu wiederholen.

- ☐ Kopien: Mindestens von den Seiten, die ein „K" tragen, sollten den Kindern Kopien zur Verfügung gestellt werden, damit sie nicht auf das Stationsblatt selbst schreiben. Es hat sich bewährt, einen kleinen Vorrat an verabredetem Ort anzubieten.

- ☐ Beliebt ist der „Entdeckungstisch zum Thema Licht". In diese Dauerausstellung gehören Objekte, die Kinder und Lehrerin passend zum Thema von zu Hause mitbringen: optische Geräte und Spielzeuge (Brillen, Linsen, Spiegel, geschliffenes Glas, Kaleidoskop ...). Auch Sachbücher, Fotos aus Illustrierten und Hinweise auf Internetseiten können die Ausstellung sinnvoll ergänzen.

EINFÜHRUNG DER KINDER IN DAS VORHABEN

Sie werden Ihre Klasse sicher in der den Kindern gewohnten Weise in das Vorhaben einführen. Als sinnvoll hat sich erwiesen, die Stationsblätter schon am Vortag auszulegen und den Kindern somit Gelegenheit zu geben, sich einen Eindruck vom Vorhaben zu machen. Das ergibt einen Gesprächsanlass, zu dem Bekanntes zum Thema „Licht" zusammengetragen werden kann. Ein Gesprächsanlass ist auch der „Brief: Liebe Kinder!". Auch die Box kann im Zentrum eines Gesprächskreises stehen und auf ihren Inhalt hin untersucht und besprochen werden. Dabei finden die Kinder gemeinsam mit der Lehrerin die Namen der Geräte.
Bewährt hat sich ferner, für die erste Begegnung eine Doppelstunde vorzusehen und in ihr die Stationen – ausnahmsweise – zu „verlosen". (Später wählen die Kinder immer selbst.) Jedes Schülerpaar „zieht" eines der von Ihnen angebotenen Blätter und bearbeitet es, um dann in einer ersten Runde sehr kurz davon zu berichten. Dieses nur einmal anwendbare Verfahren gewährleistet einen reibungslosen Beginn und einen Überblick über das gesamte Angebot.

Das Material für die Schülerversuche

Auf jeder Stationskarte werden eingangs die Materialien genannt, die die Kinder für ihre Versuche in Partnerarbeit benötigen.

Sie finden sie in der Experimentierbox „Licht und Schatten", die Cornelsen Experimenta unter der Bestellnummer 31749 anbietet.

In ihr sind die Stückzahlen so bemessen, dass sie für 28 Schüler bequem ausreichen, wenn alle Kinder gleichzeitig in Partnerarbeit vorgehen.

Wer andere Materialien verwenden will, kann sich an der folgenden Materialliste der Experimentierbox orientieren:

Bezeichnung	Stück
Beispiele für optische Täuschungen, laminiert	3
Buntstifte Set 7 Farben	1
CD	1
Dreilinsenlupe	1
Dunkelraumbox	1
Farbfilter, 2er-Set rot/grün	1
Gelber Kunststoffstab	4
Große Lupe	1
Großer Esslöffel	1
Kippspiegel	5
Klebepunkte	1
Kreuzständer	16
Kunststoffbecher 100 ml	3
Kunststoffplatte	1
Kunststoffspiegel, biegsam	2
Satz Materialproben	1
Klammer (zwei Stück)	2
Newtonkreisel, 6 cm	1
Periskop mit Steckspiegeln	1

Bezeichnung	Stück
Plexiglasscheibe 90 × 90 mm	1
Prisma	1
Projektionsschirm	7
Regenbogenbrille	1
Rundkolben 250 ml	1
Schattenstab kurz	1
Schattenstab lang	2
Spielfigur groß	2
Stäbe 2× rot, 2× gelb, 2× grün	1
Steckwürfel, 7 Stück	1
Styroporkugel 60 mm	2
Taschenlampe groß	1
Batterie Baby LR14	3
Taschenlampen	11
Lampenrohr	2
Batterie Micro LR03	36
Taschenlampenständer	2
Teelicht, elektrisch	1
Tiegel	1

Sachliche Grundlage

Was ist Licht?

Die Frage „Was ist Licht?" lässt sich nach dem heutigen Stand der Wissenschaft nicht abschließend beantworten. Je nach wissenschaftlicher Perspektive auf das Phänomen „Licht" wird es als elektromagnetische Strahlung beschrieben, die Welleneigenschaften besitzt. Aus der Sicht der Quantenphysik wird Licht aber auch als Teilchen beschrieben und man spricht dabei von Lichtquanten oder Photonen. In der geometrischen Optik wird dagegen modellhaft von Lichtstrahlen oder -bündeln gesprochen. Je nach Forschungsfrage oder (didaktischer) Intention gibt es daher auf die Frage „Was ist Licht?" ganz unterschiedliche Antworten.

Licht als Phänomen

Viel anschaulicher lässt sich Licht als bekanntes (Alltags-) Phänomen erforschen. Untersuchungen, die sich im Wesentlichen auf die Eigenschaften von Licht bzw. die Phänomene beziehen, die sich beobachten lassen, bilden einerseits als Erfahrungen und grundlegendes Wissen die Basis für ein besseres Verständnis der Phänomene in der Lebenswelt und andererseits für das spätere fachbezogene Lernen im Fach Physik. Darüber hinaus werden die Kinder für Erscheinungen in der Umwelt sensibilisiert, und sie lernen, dass man Fragen an die Natur oft mit einfachen Versuchen auf den Grund gehen kann.

Die Eigenschaften des Lichts, die sich aufgrund einfacher Experimente besonders gut untersuchen lassen, beziehen sich im Wesentlichen auf die Wechselwirkungen des Lichts mit den eigenen Augen, mit Gegenständen in der Umwelt, mit „Medien" wie Wasser oder Glas oder auch optischen „Geräten" wie Linsen und Prismen. Solche Experimente sind in der Box zu „Licht und Schatten" zusammengestellt.

Lichtquellen

Licht wird von sogenannten Lichtquellen ausgesendet. Am Tag ist die Sonne die größte und hellste Lichtquelle, nachts verwenden wir künstliches Licht. Lichtquellen, die wie die Sonne, das Feuer, Blitze, fluoreszierende Pflanzen oder Tiere sowie elektrische Lampen selbst leuchten, werden auch primäre Lichtquellen genannt. Sekundäre Lichtquellen werden von primären angestrahlt.

Der Mond und die Planeten leuchten, weil sie von der Sonne angestrahlt werden. Dies ist aber ein eher „akademisches" Wissen, denn das Leuchten des Mondes oder der Sterne am Himmel lässt mit dem bloßen Auge nicht darauf schließen, ob es sich bei dem leuchtenden Körper um eine ferne Sonne oder um einen Planeten handelt, der von der Sonne angestrahlt wird.

Licht und Sehen

Sehen können wir nur, wenn Licht in unser Auge fällt. Dabei ist es unerheblich, ob der betrachtete Gegenstand selbst leuchtet oder ob er beleuchtet wird, also eine primäre oder sekundäre Lichtquelle darstellt. In beiden Fällen „sendet" der Gegenstand Licht in unsere Auge, was bewirkt, dass wir ihn sehen.

Das Licht selbst können wir als solches jedoch nicht sehen – zumindest nicht in dem Sinn als das es als „etwas", also als materielle Substanz, wahrnehmbar wäre. Das ist auch gut so, denn wenn wir das Licht selbst als quasi „gegenständlich" wahrnehmen würden, könnten wir sonst nichts mehr sehen, da der ganze (beleuchtete Raum) ja mit Licht „gefüllt" ist. Vorstellen kann man sich das so ähnlich wie das Sehen, wenn man sich in einer Wolke befindet oder in sehr dichtem Nebel. Dass Licht an sich nicht gesehen werden kann, wird besonders deutlich, wenn man Licht durch einen dunklen Raum schickt, wie es z. B. im Kino der Fall ist. Auf seinem Weg zur Leinwand wird nur dann wahrnehmbar, dass es einen „Lichtstrahl" gibt, wenn z. B. Staub oder Nebel in den Lichtweg geraten oder ein Mensch. Das Licht wird dabei an den kleinen Partikeln gestreut, sodass wir den „Lichtstrahl" sehen können.

Fällt Licht auf einen Gegenstand, so wird ein Teil des Lichts absorbiert. Ein Teil des Lichts wird aber auch reflektiert bzw. in alle Richtungen gestreut und wieder in den Raum zurückgeworfen. Trifft es auf unsere Augen, so können wir den Gegenstand sehen.

Dunkle Oberflächen absorbieren mehr Licht als helle und Spiegel reflektieren fast das komplette Licht, das sie empfangen.

Spiegelungen

Spiegelbilder entstehen an Oberflächen, die das Licht fast vollständig reflektieren. Das können Spiegel sein oder aber auch glatte Flächen, wie man sie z. B. an Fahrzeugkarosserien findet. Aber auch Wasseroberflächen oder Glasscheiben bringen Spiegelbilder hervor.

Das Abbild im ebenen Spiegel lässt das Objekt deutlich erkennbar, aber spiegelverkehrt erscheinen. Ist die spiegelnde Fläche gewölbt, erscheint ein verzerrtes und ggf. auch kopfstehendes Bild. Spiegelbilder können auch selbst gespiegelt werden. Dabei kann es zu fast unendlichen Spiegelungen kommen.

Schatten

Schatten werden durch Hindernisse im Lichtweg gebildet. Wird ein undurchsichtiger Gegenstand, z. B. ein Radiergummi, von einer Lichtquelle angestrahlt, so kann das Licht den Gegenstand nicht durchdringen und aufgrund des sich geradlinig ausbreitenden Lichts auch nicht umströmen. Der Raum hinter dem Gegenstand, in Verlängerung der Linie zwischen Lichtquelle und Gegenstand, wird folglich weniger hell beleuchtet, ist aber nicht vollkommen dunkel. Dies ist dadurch begründet, dass sekundäre Lichtquellen hinter dem Schattengeber immer auch etwas Licht in den Schattenraum werfen. Wird in diesen weniger beleuchteten Raum z. B. ein weißes Blatt Papier als Projektionsfläche geschoben, so ist als Schnitt durch diesen dreidimensionalen Raum das Schattenbild des Gegenstands zu sehen.

Farben

Fällt Licht in unser Auge, ist es meist mit einer Farbwahrnehmung verbunden. Die Frage „Was ist Farbe?" ist aus physikalischer Perspektive ebenso schwer zu beantworten, wie diejenige nach der Natur des Lichts.

Farbe ist eigentlich das, was unser Gehirn aus den Sinneswahrnehmungen macht, weshalb Farbeindrücke auch sehr unterschiedlich sein können, je nachdem welches Licht (z. B. künstlich oder natürlich) auf einen farbigen Gegenstand einstrahlt, wie hell das Licht ist oder ob wir z. B. durch eine farbige Sonnenbrille oder Folie schauen.

Möglich wird das Farbsehen aber nur dadurch, dass die Farben bereits alle im Licht vorhanden sind. Das Licht der Sonne bezeichnet man als „weißes" Licht und Isaac Newton konnte bereits 1666 zeigen, dass sich das Sonnenlicht aus den Spektral- bzw. Regenbogenfarben zusammensetzt. Er lenkte dazu das Sonnenlicht durch ein Glasprisma und konnte so die Farben im weißen Licht nachweisen.

Optische Täuschungen

Optische Täuschungen lassen Bilder oder Gegenstände in einer Weise erscheinen, die dem Betrachter als außergewöhnlich und staunenswert erscheint. Es gibt unterschiedliche Gruppen optischer Täuschungen: Manche beruhen auf Helligkeits- oder Kontrastillusionen, andere sind Farbtäuschungen oder zeigen mehrere Bilder gleichzeitig, von denen man jedoch zumeist immer nur eines wahrnehmen kann (wie der „Kaninchen-Entenkopf"). Das Bild scheint dann jeweils „umzuklappen".

Die Ursachen für optische Täuschungen liegen häufig darin, dass das Gehirn die Informationen aus der Umwelt nicht einfach abbildet, sondern interpretiert und auf die dargebotenen Reize nicht eindeutig „antwortet". Dadurch ergibt sich der Effekt, dass sich etwas zu verändern scheint, bewegt oder als mehrdeutig wahrgenommen wird.

Manchmal liegt die Ursache jedoch auch in der Funktion der Augen selbst, z. B. bei der Bewegungstäuschung der Abbildung auf S. 26, die durch die natürlichen Bewegungen der Augen beim Hin- und Herschauen hervorgerufen wird.

Exkurs: Modellbildung

Um Naturphänomene besser verstehen zu können, schaffen sich Wissenschaftler seit jeher Modelle. Insbesondere die schwer fassbaren Phänomene, die mit dem Sehen verbunden sind, führten früh zu abstrahierenden Modellvorstellungen. Man stellte sich das Sehen z. B. zunächst so vor, dass kleine „Häutchen" von den angeschauten Gegenständen ins Auge gesendet oder dass die Augen die Umwelt aktiv per „Sehstrahl" abtasten würden. Die Bedeutung des Lichts beim Sehen hatte man dabei noch nicht erkannt.

Heute arbeitet man dagegen mit Vorstellungen von Lichtstrahlen, Lichtwellen, kleinen „Lichtteilchen", den Lichtquanten u. a. m. (s. o.). Alle diese Vorstellungen entsprechen nicht der komplexen „Wirklichkeit", dienen aber dazu, Phänomene besser untersuchen und in die theoretischen Vorstellungen von den Eigenschaften des Lichts besser einordnen zu können. Didaktisch haben solche Modellvorstellungen den Sinn, an sich nicht Anschauliches anschaulich und auch für Laien erfassbar zu machen. Modelle werden daher auch vielfältig eingesetzt, obwohl das niemals ganz unumstritten geschieht. Bedeutsam für die Generierung anschlussfähiger Vorstellungen ist beim Einsatz von Modellen vor allem, dass die Lernenden begreifen, dass es sich um Modellvorstellungen und nicht um eine Abbildung der Wirklichkeit handelt.

Hinweise auf Gefahren

Mit den in diesem Heft vorgeschlagenen Versuchen sind keine Gefahren verbunden.

Vor dem Blick in die Sonne wird an der passenden Stelle gewarnt.

Über diese Warnung sollte in der Einführung in das Unterrichtsvorhaben mit den Kindern zusätzlich gesprochen werden.

Es sollte auch klargestellt werden, dass man sich nicht mit der Taschenlampe in die Augen leuchten sollte.

Wirklich gefährlich ist in dieser Hinsicht der Umgang mit Laserlicht. In der Box sind deshalb auch keine „Laser-Pointer" zu finden. Werden sie für den „Entdeckungstisch" mitgebracht, müssen sie sofort aus dem Verkehr gezogen werden.

Hinweise zu den Stationen

LICHT UND SCHATTEN: EINFÜHRUNG

Experimentieren an Stationen

Bevor das Experimentieren beginnt, sollte mit den Kindern die Vorgehensweise besprochen werden – auch wenn sie Arbeiten an Stationen gewohnt sind. Dazu eignet sich das hier vorliegende Blatt. Es zeigt alle möglichen Schritte, kann aber den Kindern auch in einer von der Lehrerin bearbeiteten Fassung vorgelegt werden.

Übersicht über die Stationen

Diese Übersicht sollte für jedes Kind kopiert vorliegen, damit es sowohl über das Angebot als auch über den individuellen Bearbeitungsstand jederzeit einen Überblick hat. Wenn man die Übersicht z. B. auf DIN A3 vergrößert, erhält man ein Poster, in das die Kinder ihre Namen verkürzt eintragen können. Auf diese Weise können sie selbst herausfinden, wer welche Station bereits bearbeitet hat und deshalb helfen könnte. Das Poster gibt auch der Lehrerin einen guten Überblick.

Liebe Kinder!

Dieser „Brief" dient zur Einführung. Er kann in beliebiger Weise eingesetzt werden und eignet sich auch als vorbereitende Hausaufgabe.

Er macht auch deutlich, dass das Projekt „Licht und Schatten" voraussetzt, dass die Kinder folgendes Grundwissen haben: Wir sehen nur, was selbst leuchtet oder was das Licht dieser primären Lichtquellen reflektiert.

Am Endeckungstisch sammeln oder erweitern die Kinder Erfahrungen mit verschiedenen optischen Phänomenen und Geräten. Er dient also dazu, Vorerfahrungen zu aktivieren bzw. anzulegen, wo sie noch nicht vorhanden sind. Manche Kinder werden vielleicht noch nie durch ein Fernrohr oder Mikroskop geschaut haben. Auch der Blick durch geschliffene Glas- oder Kunststoffkörper ist faszinierend und erhellend zugleich: Lassen sich doch Mehrfachbilder und zugleich auch die Farben des Lichts erkennen.

Der Umgang mit Lupen ist Kindern sicher vertraut, jedoch ist es spannend, unterschiedliche Stärken zu untersuchen bzw. zu erproben. Ebenso verhält es sich mit unterschiedlichen Brillen. Die Station sollte möglichst ein Mikroskop, ein Fernglas, ein Kaleidoskop, geschliffene Glaskörper, Sonnen-, Lese- und 3D-Brillen, Linsen oder Lupen und eine spiegelnde Rettungsfolie bereithalten. Die Kinder bringen selbst mit, was ihnen zur Erweiterung der Station einfällt.

Hinweis: Auf dem Entdeckungstisch darf kein Laser angeboten werden, wie sie in Form von „Pointern" in manchen Haushalten oder Schulen als Zeigegeräte zu finden sind. Leuchten sich die Kinder mit ihnen direkt in die Augen, kann es zu Schäden kommen.

LICHT UND SEHEN

Beim Sehen fällt das Licht durch die Pupille auf die Netzhaut. Aufgenommene Lichtreize werden an das Gehirn weitergeleitet und dort interpretiert. Die Pupille ist beweglich und kann sich bei direktem oder besonders hellem Licht zusammenziehen. In dunklen Umgebungen weitet sich die Pupille, um mehr Licht einzulassen.

Der Augapfel ist ein kugelförmiger, mit Flüssigkeit gefüllter Körper. Ein kugelförmiges, mit Wasser gefülltes Glasgefäß kann daher gut als Modell für das System aus Hornhaut, Linse und Glaskörper dienen. Indem das Glas zwischen Fenster und Projektionsfläche gestellt wird, kann gezeigt werden, dass sich das Bild der Umgebung auf die rückwärtige Seite des Glases und auf die Fläche abbilden lässt – ähnlich, wie es auch im Auge selbst geschieht. Auch hier ist – wie im Auge und auch bei einer optischen Linse – das Bild auf dem Kopf stehend. Durch die Interpretationsleistung des Gehirns wird das Bild wieder „umgedreht".

Alle Lupen vergrößern das Angeschaute – die Stärke von Lupen kann aber variieren. Die Einsetzbarkeit einer Lupe zum Lesen hängt auch von ihrer Stärke ab – eine zu starke Vergrößerung behindert das Lesen, weil die Lupe einen zu kleinen Ausschnitt zeigt.

Die Form von Lupen ist konvex gewölbt. Ein konvex geformter Wassertropfen bringt denselben Effekt hervor: Auf einer Folie liegend kann diese Wassertropfenlupe zur Vergrößerung genutzt werden.

Darüber hinaus können Kinder, die eine gute Beobachtungsgabe haben, feststellen, dass das Bild zunächst „scharf" ist, wenn sie die Lupe sehr nah an den Gegenstand heranführen. Mit zunehmendem Abstand vergrößert sich das Bild. Hält man die Lupe in zu großem Abstand, wird das Bild kleiner, steht Kopf und erscheint darüber hinaus auch seitenverkehrt. Für die Beobachtung eignen sich Briefmarken gut.

Das Gesichtsfeld ist nicht nur auf den fokussierten Bereich beschränkt, sondern etwa wie ein halber Ball (vor dem Gesicht) ausgedehnt. Der Bereich, in dem Dinge noch wahrgenommen werden können, umfasst horizontal von ca. 180° und vertikal von ca. 130°. Dieses erweiterte Sichtfeld ist für die Orientierung im Raum sowie auch als Warnfunktion vor Annäherungen aus der Umgebung sehr bedeutsam. Einschränkungen des Gesichtsfelds können durch gesundheitliche Pro-

*bleme mit den Augen oder physiologische Besonder-
heiten entstehen.*

*Die Klarheit des Sehens und Erkennens hängt auch
von der Helligkeit im Raum sowie der Objekte selbst
ab und variiert im Hinblick auf die Farben. Während
Gegenstände an sich auch am Rand des Gesichtsfelds
noch wahrgenommen werden können, lassen sich Farben erst erkennen, wenn der Gegenstand mehr in die
Mitte des Gesichtsfelds rückt. Blau und Gelb können
dabei schon weiter außen identifiziert werden als Rot
und Grün.*

*Die Kinder erforschen ihr eigenes horizontales Gesichts-
feld. Ein Kind hält einen Stab und führt ihn langsam im
Halbkreis – auf Augenhöhe frontal beginnend bis hinter
das Ohr – um das andere Kind herum. Das sitzende
Kind schaut geradeaus und ruft einmal „stopp", wenn
es den Gegenstand nicht mehr sieht. Die Stäbe werden
an diesen Stellen abgelegt. Beim Tausch werden die
übrigen Stäbe verwendet, um einen Vergleich durchführen zu können.*

Station 4: Sehen im Dunkeln
*Dunkle Gegenstände absorbieren das Licht eher als
helle und sind somit in der Dunkelheit schlechter zu
sehen. In den Herbst- und Wintermonaten ist es noch
dunkel, wenn die Kinder zur Schule gehen. Sie können mit diesem Versuch lernen, dass helle Kleidung
für Autofahrer deutlich besser sichtbar ist als dunkle.
Das Auge ist so konstruiert, dass die Stäbchen in der
Netzhaut auch bei Dämmerung noch Lichtreize an das
Gehirn weiterleiten können.*

Station 5: Der unsichtbare Weg
*Licht wird nicht „an sich" gesehen, das wird deutlich,
wenn ein Lichtstrahl einen dunklen Raum durchquert.
Erst wenn z. B. Staub oder Nebel in den Lichtweg tre-
ten oder ein Gegenstand hineingehalten wird, wird
der „Lichtstrahl" sichtbar.*

Station 6: Optische Täuschungen
*Das erste Bild ist ein Umklappbild, das sowohl einen
Entenkopf als auch den Kopf eines Kaninchens zeigen
kann, das zweite Bild irritiert: Sind die Strecken gleich
lang? (Sie sind es.). Das dritte Bild zeigt eine
Bewegungstäuschung, wenn es vor den Augen vor
und zurück bewegt wird.*

*Weitere Beispiele befinden sich in der Box.
Interessante optische Täuschungen hat Salvador Dali
in seinen Bildern verarbeitet. Es lohnt sich, mit den
Kindern einige dieser Bilder zu betrachten.
Die Kinder können weitere optischen Täuschungen
sammeln und beispielsweise in Kategorien einteilen:
Bilder, die sich zu bewegen scheinen, Klappbilder, die
unterschiedliche Bilder gleichzeitig zeigen können,
Bilder, auf denen etwas zu sehen ist, das objektiv
nicht vorhanden ist. Darüber hinaus können Bilder
zusammengestellt werden, auf denen die Längen oder*

*Winkel von Linien über- oder unterschätzt werden.
Viele optische Täuschungen lassen sich bisher wis-
senschaftlich noch nicht erklären. Manche Täuschungen entstehen aber durch eine unterschiedliche Reiz-
weiterleitung in verschiedenen Partien des Auges
oder durch das Abwechseln von Fixationen und
schnellen Bewegungen, die das Auge immer vollführt.
Andere Täuschungen werden durch (Fehl-)Interpreta-
tionen von Reizen im Gehirn hervorgerufen.*

Station 7: Täuschendes Wasser
*Licht verhält sich unterschiedlich, je nachdem, in wel-
chem Medium es sich befindet. Beim Durchqueren
von Wasser wird das Licht langsamer. Dies wäre an
sich nicht wahrnehmbar, würde es beim Übertritt von
Luft zu Wasser nicht auch seine Richtung geringfügig
ändern. Auch die Richtungsänderung lässt sich an
sich kaum wahrnehmen, aber es entsteht dadurch ein
Effekt, den man sehr gut beobachten kann: Ein in
Wasser eingetauchter Stab scheint von der Seite
betrachtet gebrochen zu sein, von oben erscheint er
gehoben. Dieses Phänomen bewirkt, dass Gegenstände, die im Wasser liegen, nicht dort liegen, wo sie,
von oberhalb der Wasserfläche betrachtet, zu sein
scheinen. Ein Steinchen, das man mit einem Stab zu
berühren versucht, zeigt, dass das Treffen nicht so
einfach ist. Speerfischer und Reiher müssen diese Ver-
schiebung kompensieren, um Fische fangen zu können.*

SPIEGELUNGEN

Station 8: Seltsame Vermehrung
*Zwei Spiegel werden zunächst nebeneinander, dann
nach und nach in einem immer kleiner werdenden
Winkel zueinander aufgestellt, sie berühren sich mit
einer Kante. Ein Würfel befindet sich innerhalb des
Winkels. Die Kinder verändern den Winkel und zählen
jeweils die Spiegelbilder des Würfels. Die Kreisschei-
be dient dazu, deutlich zu machen, dass letztlich eine
fast unendliche Menge an Würfel-Spiegelbildern entsteht. Zustande kommen die Mehrfachspiegelungen
dadurch, dass auch die entstehenden Spiegelbilder
jeweils wieder gespiegelt werden.*

Station 9: Kann Licht „um die Ecke gehen"?
*Mit dem zerlegbaren Periskop aus der Box können die
Kinder sich selbstständig folgende Einsichten erarbei-
ten und sie dann spielerisch nutzen: Licht geht von
seiner Quelle (sei sie selbst leuchtend oder ein Gegenstand, der Licht in den Raum zurückstrahlt) immer
geradlinig aus. Nur das Licht, das unser Auge erreicht,
führt dazu, dass wir etwas sehen können. Und: Licht
geht nur dann „um die Ecke", wenn es durch Objekte
umgelenkt wird, auf die es auf seinem Weg trifft.
Mit diesem „Lichtwegkonzept" (oder der Lichtstrahl-
Vorstellung) kann man den Weg des Lichts sowie*

seine Geradlinigkeit besonders eindrucksvoll deutlich
machen. Zur Verdeutlichung dieses Sachverhalts wird
zunächst eine Taschenlampe eingesetzt.
Blatt 1: Versuch 1 zeigt, dass Licht, das rechtwinklig
zur Blickrichtung eintritt, nicht gesehen werden kann.
Der Lichtweg führt nicht ins Auge. In den Versuchen 2
und 3 wird deutlich, dass das Licht über den Spiegel
umgelenkt werden kann.
Blatt 2: Da wir beim Sehen darauf angewiesen sind,
dass Licht von dem Gegenstand, den wir sehen wollen, in unser Auge fällt, brauchen wir entweder eine
direkte Sicht auf den Gegenstand oder wir müssen
das abgestrahlte Licht des Gegenstandes über Spiegel in unser Auge umlenken.
Da es in Versuch A eine direkte Sicht auf die Figur
gibt, können die Kinder sie also sehen. In Versuch B
haben sie keine direkte Sicht und können sie somit
nicht sehen. In den Versuchen C und D wird das Licht
über den Spiegel ins Auge gelenkt. Deshalb wird die
Figur nun gesehen.

Station 10: Blick ins Unendliche
Kinder haben häufig die Vorstellung, dass das Spie-
gelbild sich auf der Oberfläche des Spiegels befindet.
Anschlussfähig an mathematische Konzepte ist aber
die Vorstellung, dass es eine „Spiegelwelt" bzw. einen
Spiegelraum im bzw. hinter dem Spiegel gibt. Die
Tiefe der Spiegelwelt lässt sich mit diesem Versuch
besonders eindrücklich erleben.
Die Kinder stellen wie im Versuch beschrieben, zwei
Spiegel einander gegenüber. Zwischen diesen liegt
ein Würfel. Sie schauen über den Rand des einen
Spiegels hinweg in den anderen und sehen den Würfel vielfach gespiegelt. Alternativ können die Kinder
auch in einen Wandspiegel schauen, während sie
einen kleinen Spiegel mit der Rückseite an ihre
Nasenspitze halten. Nun nehmen sie Mehrfachspiegelungen ihres eigenen Gesichts wahr.

Station 11: Flamme im Wasser
Scheinbar brennt hier eine Kerze im Wasserglas – der
Versuch gelingt dadurch, dass auf einer glatten, trans-
parenten Scheibe sowohl ein Spiegelbild entstehen
kann als auch eine Durchsicht möglich ist. Die Kombination aus beiden verursacht die Täuschung. Dabei
müssen die Abstände Flamme/Scheibe und Wasser/
Scheibe gleich groß sein.

Station 12: Spiegel, die gewölbt sind
Die Kinder spiegeln sich in Löffeln. Innen erscheint
das Bild auf dem Kopf stehend und verzerrt, außen ist
es nur verzerrt. Die Kinder beobachten, dass das Spiegelbild unterschiedlich verzerrt wird und dass es
innen auf dem Kopf steht und seitenverkehrt
erscheint.

Station 13: Biegsame Spiegel
Der im ersten Bild angeregte Versuch motiviert die
Kinder zu einer Serie weiterer Versuche.
Dabei wird aus der abgebildeten konkaven Form des
Spiegels eine konvexe. Die Abstände werden variiert
und Gegenstände wie z. B. Spielfiguren und Klassen-
zimmerinventar gespiegelt.
Mit den so gesammelten Erfahrungen wird die Aufga-
be lösbar, die die Abbildung des Kindes im „Spiegel-
kabinett" stellt: Das Spiegelbild lässt den Schluss
zu, dass der große Spiegel wellenförmig gebogen
sein muss. In einem Auswertungsgespräch kommen
die gemachten Entdeckungen und ggf. Erfahrungen
der Kinder in Spiegelkabinetten zur Sprache. Vielleicht kennen sie sie auch in anderen Formen, z. B. als
im Freien aufgestellte „Zerrspiegel".

SCHATTEN

Station 14: Schatten
Schattengröße, -tiefe und -schärfe hängen vom
Abstand zur Lichtquelle ab: Je näher der Schattengeber der Lichtquelle ist, desto größer ist der Schatten. Ein
Schattengeber kann so viele Schatten haben, wie Lichtquellen auf ihn einstrahlen. Diese Erkenntnis können
die Kinder mit dem Versuch an Station 15 gewinnen.
Wenn das Licht auf einen Gegenstand trifft, durch den
es nicht oder kaum hindurchscheinen kann, wird ein
dreidimensionaler Schattenraum erzeugt, der aber
meist in einer zweidimensionalen Projektion z. B. auf
dem Boden oder an der Wand sichtbar wird. Dennoch
ist Schatten nicht gleichzusetzen mit der Abwesenheit
von Licht. Schatten entstehen dann, wenn an einem
Ort weniger Licht ankommt als in seiner unmittelba-
ren Umgebung. Die beleuchteten Gegenstände der
Umgebung wirken hier als sekundäre Lichtquelle, die
Streulicht in den Schattenraum werfen.

Station 15: Schatten, lang und kurz
Die auf dem Bogen eingezeichneten Beispiele für den
Schattenwurf eines Stabs zeigen, dass ein Schatten
sowohl in seiner Länge als auch in seiner Ausrichtung
von der Position der Lichtquelle abhängig ist. Die Kinder können also erkennen, dass der Schatten immer in
der der Lichtquelle entgegengesetzten Richtung fällt,
dass er sich bewegt, wenn sich die Position der Lichtquelle verändert und dass er länger oder kürzer wird,
je tiefer bzw. höher die Lichtquelle gehalten wird.
Außerdem können sie erproben, wie sich Schatten im
Verhältnis zur Sonneneinstrahlung verhalten: Je höher
die Lichtquelle einstrahlt (z. B. die Mittagssonne), desto
kürzer ist der Schatten, je tiefer die Lichtquelle steht,
je länger sind die Schatten (bei Abendsonne).
Hier bietet es sich bei Sonnenschein an, die Kinder die
Schatten von Pfählen o. Ä. auf dem Schulhof untersuchen zu lassen und ggf. auch durch Einzeichnen der

Licht und Schatten

Experimentieren an Stationen

1. Stationsblatt aussuchen

2. Den Text lesen und besprechen

3. Vermuten: Was könnte das Ergebnis sein?

4. Material holen

5. Schritt für Schritt vorgehen

6. Sich abwechseln

7. Beobachtungen besprechen

8. Erklärungen suchen

9. Ergebnisse festhalten (zeichnen, schreiben, anderen mitteilen)

Dieses Arbeitsblatt für die Schüler stellt alle möglichen Schritte detailliert dar und lässt Gelegenheit zu individuellen Absprachen, Akzentuierungen und Umgestaltungen.

© 2014 Cornelsen Schulverlage GmbH, Berlin. Alle Rechte vorbehalten.

Licht und Schatten

Übersicht über die Stationen

Licht und Sehen

☐ 1 Das Auge

☐ 2 Lupen testen

☐ 3 Das Gesichtsfeld

☐ 4 Sehen im Dunkeln

☐ 5 Der unsichtbare Weg

☐ 6 Optische Täuschungen

☐ 7 Täuschendes Wasser

Spiegelungen

☐ 8 Seltsame Vermehrung

☐ 9 Kann Licht „um die Ecke gehen"?

☐ 10 Blick ins Unendliche

☐ 11 Flamme im Wasser

☐ 12 Spiegel, die gewölbt sind

☐ 13 Biegsame Spiegel

Schatten

☐ 14 Schatten

☐ 15 Schatten, lang und kurz

☐ 16 Schattenfiguren

☐ 17 Schattentheater

☐ 18 Farbige Schatten

☐ 19 Unterschiedliche Schatten

☐ 20 Licht und Schatten, Tag und Nacht

Farben

☐ 21 Die Farben des Regenbogens

☐ 22 Die Farben im Licht

© 2014 Cornelsen Schulverlage GmbH, Berlin. Alle Rechte vorbehalten.

Licht und Schatten

Liebe Kinder!

„Licht und Schatten" heißt unser Thema.

Darüber wisst ihr schon viel, zum Beispiel dieses:
Wenn es kein Licht geben würde, wäre es ganz dunkel und wir könnten gar nichts sehen.
Das Licht kommt von der Sonne (auch wenn die Wolken sie verstecken) oder von anderen Lichtquellen: Feuer, Blitz und Lampen.

Was es mit dem Licht und auch den Schatten auf sich hat:
Das werdet ihr in vielen Versuchen erforschen.

Vorher solltet ihr aber überlegen, was ihr schon wisst.
Und ihr solltet von zu Hause Gegenstände mitbringen, die mit dem Sehen, mit Licht und Schatten zu tun haben. Dazu gehören auch Bücher.
Stellt sie in der Klasse auf einem Entdeckungstisch aus.

> **Material:**
> Das Material zu dieser Station haben Kinder unserer Klasse mitgebracht und auf einem Tisch zur Verfügung gestellt.

Lösungsversteck: Nach hinten falten! Nicht abgucken, sondern erst zum Schluss bei der Kontrolle benutzen!

Linsen, Lupen und Ferngläser vergrößern oder verkleinern das angeschaute Bild. Spiegel erzeugen Spiegelbilder. Im Kaleidoskop sieht man viele Spiegelbilder. Guckt man durch geschliffenes Glas, sieht man viele Bilder der Umgebung und manchmal farbige Ränder.

© 2014 Cornelsen Schulverlage GmbH, Berlin. Alle Rechte vorbehalten.

Das Auge – Blatt 1

> **Material:**
> 1 Projektionsschirm
> 1 Kreuzständer
> 1 Rundkolben voll Wasser

Von unseren Augen sehen wir nur den weißen Augapfel, die schwarze Pupille, die farbige Iris und eine glänzende, durchsichtige Haut darüber.

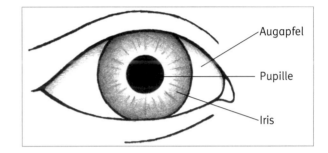

Die Pupille

Zum Sehen brauchen wir Licht. Wenn es dunkel ist oder wir die Augen schließen, sehen wir nichts. Doch was passiert im Auge mit dem Licht?
Zunächst einmal müssen die Lichtstrahlen in das Auge hinein. Der Eingang ins Auge ist die Pupille. Die Pupille ist kein schwarzer Fleck in der Iris, sondern ein Loch.

Die Pupille kann sich der Helligkeit unserer Umgebung anpassen. Wenn es sehr hell ist, zieht sie sich zusammen. Dadurch fällt weniger Licht in unser Auge. Ist es dunkel, muss das Auge so viel Licht wie nur möglich hineinlassen, um etwas zu sehen. Dann weitet sich die Pupille.
Probiert es doch einmal aus: Setzt euch zu zweit einander gegenüber. Nun schließt mindestens 10 Sekunden lang die Augen. Dann öffnet ihr sie ganz schnell wieder und schaut euch dabei gegenseitig in die Augen.

Die Augenlinse

Hinter der Pupille liegt die Augenlinse. Sie sorgt dafür, dass wir scharf sehen können.
Die Netzhaut funktioniert wie ein Projektionsschirm. Auf ihr entsteht das Bild des Gegenstandes, das du anschaust. Es steht allerdings auf dem Kopf! Erst das Gehirn dreht alles, was wir sehen, wieder richtig herum.

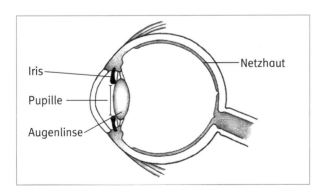

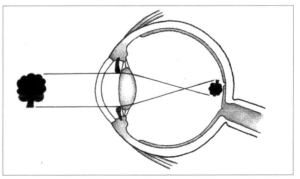

© 2014 Cornelsen Schulverlage GmbH, Berlin. Alle Rechte vorbehalten.

Das Auge – Blatt 2

■ Stellt den Projektionsschirm in der Nähe des Fensters auf.

■ Haltet nun den Rundkolben vor den Projektionsschirm. Bewegt ihn vor und zurück, bis ihr etwas seht.

Lösungsversteck: Nach hinten falten! Nicht abgucken, sondern erst zum Schluss bei der Kontrolle benutzen!

Auf dem Projektionsschirm hinter dem Rundkolben sieht man ein Bild des Fensters. Es steht aber auf dem Kopf.
Auch im Auge steht das Bild auf dem Kopf, aber das Gehirn dreht es um, sodass wir die Welt richtig herum sehen.

© 2014 Cornelsen Schulverlage GmbH, Berlin. Alle Rechte vorbehalten.

Lupen testen – Blatt 1

> **Material:**
> 1 Plexiglasscheibe
> kleines Gefäß mit ein wenig Wasser
> Lupensammlung

◼ Diesen Text können nur ganz wenige Menschen lesen. Die Schrift ist zu klein. Könnt ihr es?

Die Brille gleicht Augenfehler aus. Als Brillengläser verwendet man heute Linsen. Als es noch keine Brillen gab, nutzten die Menschen Lesesteine.

Man legte sie auf den Text, der dadurch vergrößert erschien. Lesesteine wurden aus Bergkristallen oder „Beryllen" hergestellt.

Von diesem Namen stammt auch die heutige Bezeichnung „Brille".

◼ Lest euch den Text gegenseitig vor.
Benutzt dabei verschiedene Lupen.
Worin unterscheiden sie sich?
Mit welcher Linse lest ihr am liebsten?

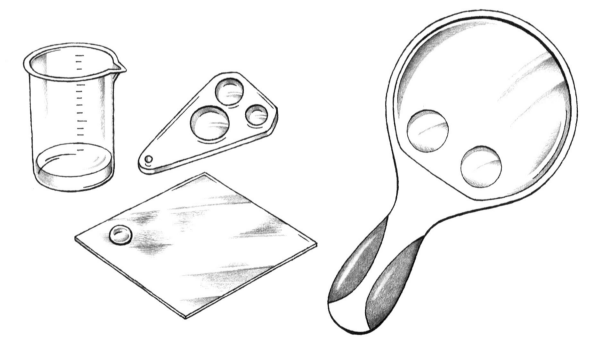

◼ Auf dem Bild ist unter dem Becher eine besondere Lupe zu sehen.
Es ist eine „Tropfenlupe". – Wie ihr sie selbst herstellen könnt, seht ihr auf Blatt 2.

Lösungsversteck: Nach hinten falten! Nicht abgucken, sondern erst zum Schluss bei der Kontrolle benutzen!

Lupen unterscheiden sich darin, wie groß sie etwas erscheinen lassen. Ihr (Glas- oder hier Tropfen-)Körper ist immer gewölbt.

© 2014 Cornelsen Schulverlage GmbH, Berlin. Alle Rechte vorbehalten.

Lupen testen – Blatt 2

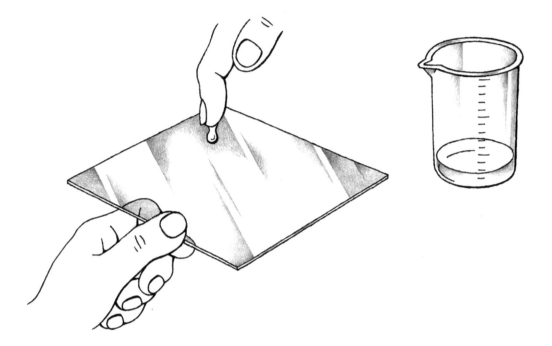

■ Lasst einen Wassertropfen auf die Plexiglasscheibe fallen. Ihr habt nun eine „Tropfenlupe".

■ Probiert die Tropfenlupe aus. Versucht es auch mit unterschiedlichen Tropfengrößen.

■ Worin ähnelt sie den Lupen von Blatt 1?

■ Versucht auch dies:

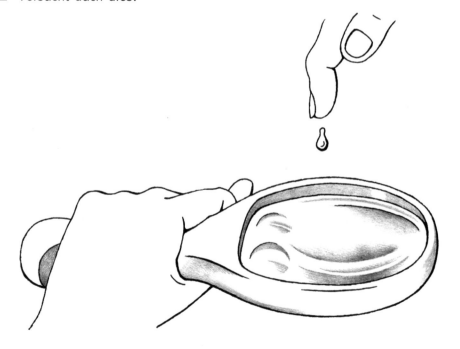

© 2014 Cornelsen Schulverlage GmbH, Berlin. Alle Rechte vorbehalten.

Das Gesichtsfeld

> **Material:**
> 6 Kunststoffstäbe: 2 gelbe, 2 rote, 2 blaue

■ Wie viel seht ihr seitlich – ohne hinzuschauen?
Probiert es aus:

■ Ein Kind sitzt auf einem Stuhl zwischen zwei Tischen und schaut starr nach vorn. Das zweite Kind steht neben einem der Tische und stellt einen gelben Stab auf den Tisch.

■ Kind 1 schaut nur geradeaus. Nun bewegt Kind 2 den Stab langsam bis hinter Kind 1.

■ Sobald Kind 1 den Stab nicht mehr sieht, ruft es: „Stopp!" Auf dem Foto ist das schon passiert.

■ Wiederholt nun den Versuch mit dem zweiten gelben Stab auf dem anderen Tisch.

■ Nun kommen die beiden roten Stäbe dran und dann die blauen.

■ Tauscht die Rollen.

■ Schaut euch an, wo die 6 Stäbe stehen. So weit reicht euer Gesichtsfeld oder das „Sehfeld". Welche Farbe ist von euren Augen am weitesten entfernt?

Lösungsversteck: Nach hinten falten! Nicht abgucken, sondern erst zum Schluss bei der Kontrolle benutzen!

Wir sehen nicht nur das, was wir anschauen. Unser „Sehfeld" reicht etwa bis zu den Ohren. Das „Sehfeld" ist für die Farbe Gelb größer als bei Rot und Blau.

© 2014 Cornelsen Schulverlage GmbH, Berlin. Alle Rechte vorbehalten.

Mein Gesichtsfeld

> **Material:**
> 6 Stäbe: 2 gelbe, 2 rote, 2 blaue

- Zeichnet euer Gesichtsfeld ein.

- Malt dazu auf die Kreislinie gelbe, rote und blaue Punkte, so weit, wie ihr die Stäbe gesehen habt.

- Vergleicht euer Gesichtsfeld mit anderen.

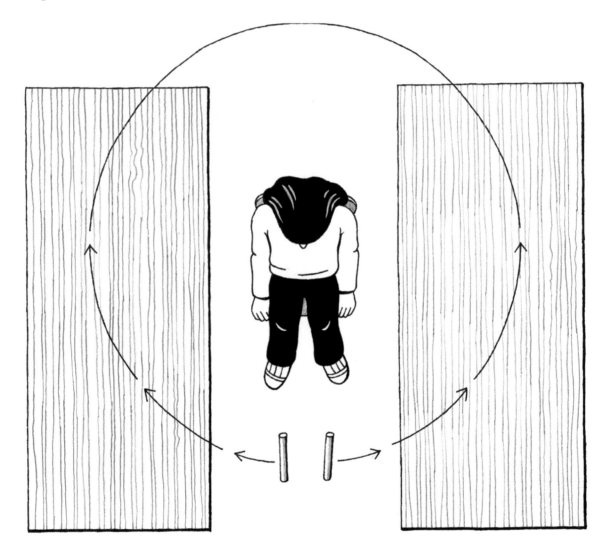

© 2014 Cornelsen Schulverlage GmbH, Berlin. Alle Rechte vorbehalten.

Sehen im Dunkeln

Material:
1 Dunkelraumbox
5 verschiedenfarbige Würfel

Ihr wisst es ja:
Im Straßenverkehr muss man gut zu sehen sein.
Besonders, wenn es dunkel wird.

Welche Farben kann man bei Dunkelheit besonders gut sehen?
Mit den Versuchen auf diesem Blatt könnt ihr es herausfinden.

■ Legt die 5 Würfel in die Dunkelraumbox.

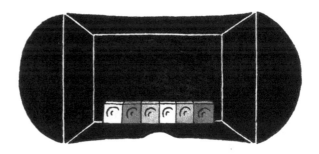

■ Halte die Dunkelraumbox so vor die Augen,
dass es wirklich dunkel darin ist.

■ Drehe dich mit dem Rücken zum Fenster
und schaue in die Dunkelraumbox. Wenn
du eine der Klappen an der Seite der Box
neben dem Ohr ein wenig öffnest, fällt Licht
in die Box. **Es soll aber nur ganz wenig
Licht hineinfallen!**

■ Was habt ihr herausgefunden?

Lösungsversteck: Nach hinten falten! Nicht abgucken, sondern erst zum Schluss bei der Kontrolle benutzen!

Ohne Licht sieht man nichts. Fällt Licht auf die Würfel, kannst du sie sehen. Bei wenig Licht sieht man die hellen Würfel am besten.

© 2014 Cornelsen Schulverlage GmbH, Berlin. Alle Rechte vorbehalten.

Der unsichtbare Weg

Material:

1 Projektionsschirm
2 Kreuzständer
1 gelber Kunststoffstab
1 Taschenlampe
1 Lampenrohr

Steckt die Lampe ganz in das Lampenrohr und schaltet sie an.

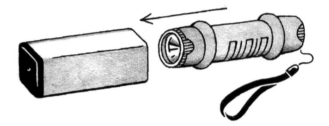

Ihr habt sicher im Kino schon Filme angeschaut.

Dabei wird Licht von einem Projektor auf die Leinwand geworfen.
Das Licht durchquert also den Raum.
Warum sieht man das Licht nicht auf seinem Weg zur Leinwand?

◼ Baut den folgenden Versuch auf.

◼ Die Taschenlampe soll durch das kleine Loch im Lampenrohr scheinen und einen ganz kleinen Punkt auf den Projektionsschirm werfen.

◼ Sucht das Licht mit dem gelben Stab.

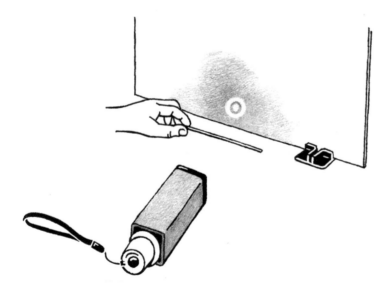

◼ Besprecht: Ist Licht unsichtbar? Wann sieht man das Licht auf seinem Weg?

Lösungsversteck: Nach hinten falten! Nicht abgucken, sondern erst zum Schluss bei der Kontrolle benutzen!

Licht sieht man erst, wenn es auf eine Leinwand, einen Projektionsschirm oder etwas anderes trifft – zum Beispiel auf den gelben Stab. Im Kino sieht man das Licht auf seinem Weg zur Leinwand nur, wenn Staub oder Menschen in den Lichtweg gelangen.

© 2014 Cornelsen Schulverlage GmbH, Berlin. Alle Rechte vorbehalten.

Optische Täuschungen – Blatt 1

> **Material:**
> die drei farbigen Stationskarten „Optische Täuschungen", 1 Lineal

In manchen Bildern kann man mehr entdecken, als auf den ersten Blick sichtbar wird.

◼ Was seht ihr hier?

Manchmal lässt sich das Gehirn auch täuschen.

◼ Welche Strecke ist länger, A oder B?
Stellt zuerst Vermutungen an und messt dann nach.

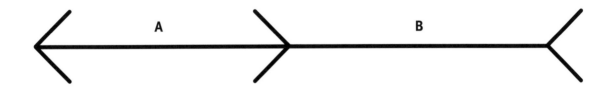

◼ Auf Blatt 2 findet ihr noch ein drittes Beispiel.

Lösungsversteck: Nach hinten falten! Nicht abgucken, sondern erst zum Schluss bei der Kontrolle benutzen!

Bild 2: Die Strecken A und B sind gleich lang.
Bild 1: Man kann einen Hasenkopf oder einen Entenkopf sehen.

© 2014 Cornelsen Schulverlage GmbH, Berlin. Alle Rechte vorbehalten.

Optische Täuschungen – Blatt 2

Fotolia ©Tristan3D

Lösungsversteck: Nach hinten falten! Nicht abgucken, sondern erst zum Schluss bei der Kontrolle benutzen!

sich um eine „optische Täuschung".

Unsere Augen bewegen sich fast immer. Dadurch erscheint es so, als ob sich die Räder drehen würden. Es handelt

© 2014 Cornelsen Schulverlage GmbH, Berlin. Alle Rechte vorbehalten.

Täuschendes Wasser

Material:
1 Kunststoffbecher mit Wasser
1 gelber Kunststoffstab
1 kleiner Metallbecher
1 Münze (nicht in der Box)
1 Blatt Papier
1 Stift

Versuch 1: Der Stab im Wasser

Anja und Markus haben einen Stab in ein Glas mit Wasser gestellt. Haben sie richtig gezeichnet?

Anja und Markus

- Wiederholt den Versuch.

- Fertigt eine neue Zeichnung an.

- Beschreibt, wie der Stab aussieht.

Versuch 2: Die Münze im Wasser

- Legt eine Münze in die Schale.

- Ein Kind geht langsam vor dem Tisch so weit in die Hocke, dass es die Münze gerade nicht mehr sieht.

- Das andere Kind gießt nun vorsichtig Wasser in die Schale. Was sieht das andere Kind plötzlich?

- Tauscht nun die Rollen.

- Besprecht, was ihr beobachtet habt.

Lösungsversteck: Nach hinten falten! Nicht abgucken, sondern erst zum Schluss bei der Kontrolle benutzen!

An der Oberfläche des Wassers wird der Stab scheinbar geknickt. Die Münze liegt scheinbar höher, wenn sie unter Wasser liegt.

© 2014 Cornelsen Schulverlag GmbH, Berlin. Alle Rechte vorbehalten.

Seltsame Vermehrung

Material:
2 Kippspiegel
1 roter Würfel
1 Blatt Papier
1 Stift

- Stellt die Spiegel auf dem Papier genau nebeneinander auf.

- Legt den Würfel so davor, dass ihr ihn nur ein Mal in den beiden Spiegeln seht.

- Macht an den Ecken der Spiegel links und rechts einen Strich.

- Schreibt eine 1 daran, weil man den Würfel so nur ein Mal sieht.

- Verändert nun die Stellung der Spiegel so, dass ihr den Würfel zwei Mal seht.

- Macht wieder zwei Striche und schreibt je eine 2 daran.

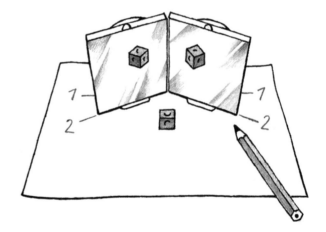

- Verändert die Stellung der Spiegel immer so weiter. Notiert wieder, wie viele Würfel zu sehen sind.

- Bis zu wie vielen Spiegelbildern seid ihr gekommen? Wie kommt es zu der „seltsamen Vermehrung"?

Lösungsversteck: Nach hinten falten! Nicht abgucken, sondern erst zum Schluss bei der Kontrolle benutzen!

Geschafft:
Auch Spiegelbilder können sich in einem zweiten Spiegel spiegeln. Wir haben 13 Spiegelbilder je Spiegel (also 26)

© 2014 Cornelsen Schulverlage GmbH, Berlin. Alle Rechte vorbehalten.

Kann Licht „um die Ecke gehen"? – Blatt 1

Material:
Periskop mit den zwei kleinen Spiegeln
Spielfigur
Taschenlampe
Lampenrohr

Steckt die Lampe ganz in das Lampenrohr und schaltet sie an.
Richtet den Lichtstrahl in das Periskop.

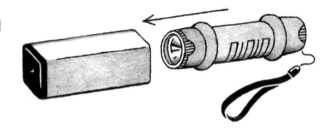

Kann Licht „um die Ecke gehen"?
Anna hat viele Versuche gemacht, um diese Frage zu beantworten.
Bei Versuch 1 hat sie z.B. die Lampe oben an das Periskoprohr gelegt und seitlich in das runde Fenster geschaut.

Versuch 1

Versuch 2

Versuch 3

- Bei welchem Versuch sieht Anna das Licht der Lampe?
  Zeigt den Weg des Lichts von der Lampe bis zum Auge.

- Bei welchem Versuch sieht sie das Licht der Lampe nicht?

- Führt alle Versuche durch.

- Womit kann Licht „um die Ecke" geleitet werden?

Lösungsversteck: Nach hinten falten! Nicht abgucken, sondern erst zum Schluss bei der Kontrolle benutzen!

Bei Versuch 2 und 3 kann Anna das Licht sehen. Spiegel leiten es "um die Ecke".
Ohne Spiegel kann es nicht um die Ecke gehen (Versuch 1).

© 2014 Cornelsen Schulverlage GmbH, Berlin. Alle Rechte vorbehalten.

Kann Licht „um die Ecke gehen"? – Blatt 2

Licht geht nicht nur von einer Lampe ins Auge.
Auch alle beleuchteten Dinge senden Licht in unsere Augen.
Nur dadurch können wir sehen.
Kann man „um die Ecke" sehen?
Beim Versuch A und B hat Anna nur das Rohr benutzt, nicht den Spiegel.

Versuch A

Versuch B

Versuch C

Versuch D

- ■ In welchem Versuch sieht Anna die Figur?
  In welchem Versuch sieht sie die Figur nicht?

- ■ Zeigt den Weg des Lichts von der Figur bis zum Auge.

- ■ Führt die Versuche selbst durch.

- ■ Wodurch kann man „um die Ecke" sehen?

Lösungsversteck: Nach hinten falten! Nicht abgucken, sondern erst zum Schluss bei der Kontrolle benutzen!

Licht umgeleitet wird.
In Versuch A, C und D kann Anna die Figur sehen. Durch Spiegel kann man „um die Ecke sehen", weil dann das

26   © 2014 Cornelsen Schulverlage GmbH, Berlin. Alle Rechte vorbehalten.

Blick ins Unendliche

Material:
2 Kippspiegel
1 farbiger Würfel

■ Stellt *zunächst einen Spiegel* auf.
Legt den Würfel davor.
Wie viele Spiegelbilder des Würfels seht ihr?

■ Stellt *nun einen zweiten Spiegel* gegenüber dem ersten auf.
Wie viele Spiegelbilder des Würfels erwartet ihr?
Legt den Kopf auf die Tischplatte und schaut seitlich an dem vorderen Spiegel vorbei.

■ Wie viele Spiegelbilder habt ihr gezählt?
Welche Erklärung habt ihr für das, was ihr gesehen habt?

Lösungsversteck: Nach hinten falten! Nicht abgucken, sondern erst zum Schluss bei der Kontrolle benutzen!

Es sieht so aus, als ob es nie aufhört. Man sieht abwechselnd Vorder- und Rückseite des Würfels.
Lösungsversteck: Stehen zwei Spiegel einander gegenüber, so wird auch das Spiegelbild gespiegelt – immer wieder.

© 2014 Cornelsen Schulverlage GmbH, Berlin. Alle Rechte vorbehalten.

Flamme im Wasser

Material:

1 Plexiglasscheibe

1 Kreuzständer

1 elektrisches Teelicht

1 Kunststoffbecher mit Wasser

■ Baut den Versuch so auf, wie er abgebildet ist.

■ Schaltet die „Kerze" ein.

■ Schaut von der Seite, auf der die „Flamme" brennt, durch die Glasscheibe.

■ Schiebt die Kerzenflamme hin und her, bis sie im Wasser erscheint.
Könnt ihr erklären, wie es dazu kommt?

■ Vergleicht den Abstand von der Flamme zur Scheibe mit dem vom Becher zur Scheibe.
Was stellt ihr fest?

Lösungsversteck: Nach hinten falten! Nicht abgucken, sondern erst zum Schluss bei der Kontrolle benutzen!

des Wassers zur Scheibe.
Kerze im Wasser zu brennen. Der Abstand der Kerze zur Scheibe muss dafür genauso groß sein wie der Abstand
Die Kerze spiegelt sich in der Glasscheibe. Da man durch die Scheibe auch das Wasser im Becher sieht, scheint die

© 2014 Cornelsen Schulverlage GmbH, Berlin. Alle Rechte vorbehalten.

Spiegel, die gewölbt sind

Material:
1 Kippspiegel
1 großer blanker Löffel

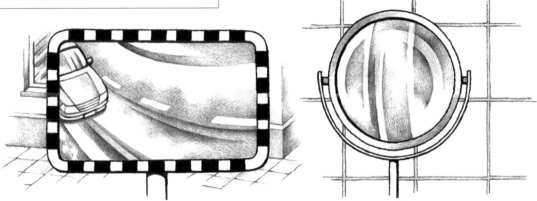

- ▪ Besprecht:
  Wo habt ihr solche Spiegel schon gesehen?
  Was ist ihnen gemeinsam?
  Wozu braucht man sie?

- ▪ Probiert mit einem großen blanken Löffel aus, wie man mit diesen Spiegeln sieht.

- ▪ Schaut euer Auge an (wie in Bild 1).

- ▪ Was sieht die Lehrerin in Bild 2? Probiert es selbst aus.

Bild 1

Bild 2

- ▪ Wiederholt die Versuche mit einem flachen Spiegel.
  Was ist anders als mit dem „Löffelspiegel"?

- ▪ Was ist der Vorteil der gewölbten Spiegel?
  Was ist anders als bei flachen Spiegeln?

Lösungsversteck: Nach hinten falten! Nicht abgucken, sondern erst zum Schluss bei der Kontrolle benutzen!

Mit gewölbten Spiegeln kann man Dinge verkleinert oder vergrößert sehen. Man kann auch Dinge sehen, die man
sonst nicht sieht, weil sie seitlich liegen. Im Gegensatz zu flachen Spiegeln vertorschen sie das Bild.

© 2014 Cornelsen Schulverlage GmbH, Berlin. Alle Rechte vorbehalten.

Biegsame Spiegel

Material:
2 große biegbare Spiegel

Diesen Spiegel kann man biegen, zum Beispiel so:

■ Das ist aber nur eine Möglichkeit, findet ihr noch andere?

■ Auch in „Spiegelkabinetten" sind die Spiegel gebogen.
Wie ist der Spiegel im Bild gebogen?

Lösungsversteck: Nach hinten falten! Nicht abgucken, sondern erst zum Schluss bei der Kontrolle benutzen!

In gewölbten Spiegeln kann das Bild auf dem Kopf stehen, vergrößert, verkleinert oder verzerrt sein. Das kann
lustig aussehen.

© 2014 Cornelsen Schulverlage GmbH, Berlin. Alle Rechte vorbehalten.

Schatten

> **Material:**
> 1 Projektionsschirm
> 2 Kreuzständer
> 1 Styroporkugel auf einem Ständer
> 2 Taschenlampen
> Arbeitsbogen

◼ Stellt die Kugel vor den Projektionsschirm. Beleuchtet sie. Untersucht den Schatten.

Das könnt ihr zum Beispiel herausfinden:
Wie erzeugt man einen großen Schatten, wie einen kleinen?
Was geschieht, wenn man zwei Lampen benutzt?

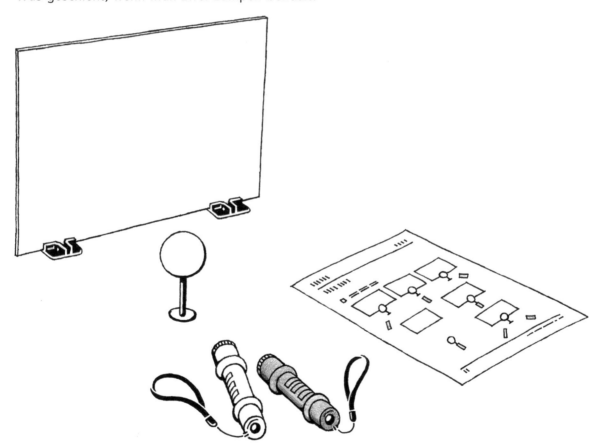

◼ Zeichnet eure Ergebnisse auf dem Arbeitsbogen ein.

Lösungsversteck: Nach hinten falten! Nicht abgucken, sondern erst zum Schluss bei der Kontrolle benutzen!

Je näher die Taschenlampe an der Kugel ist, umso größer ist ihr Schatten. Zwei Lampen werfen zwei Schatten.

Arbeitsbogen „Schatten"

K

Zeichnet die Schatten ein.

Versuch 1

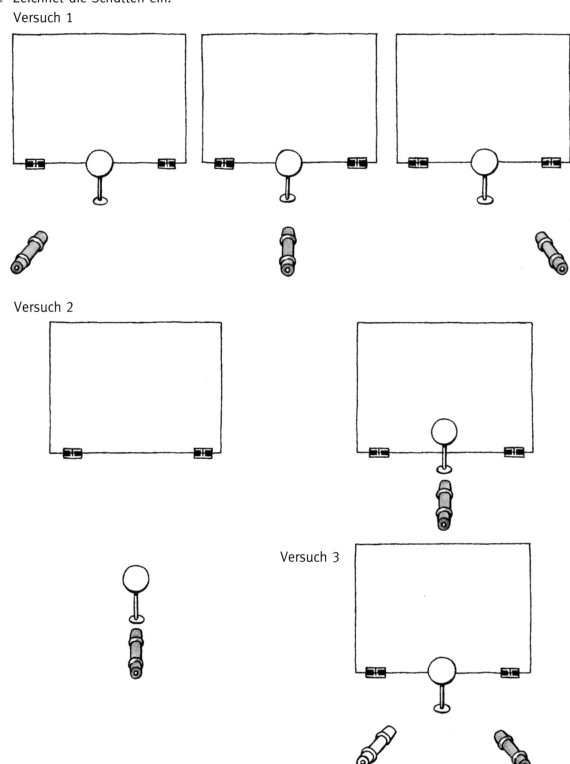

Versuch 2

Versuch 3

© 2014 Cornelsen Schulverlage GmbH, Berlin. Alle Rechte vorbehalten.

Schatten, lang und kurz

Material:
1 Schattenstab
1 Taschenlampe
1 Kopie des Arbeitsbogens
1 weißes Blatt Papier
1 Bleistift

■ Franzi und Dani haben Schatten erforscht.
Sie haben mit der Taschenlampe und dem Schattenstab verschiedene Schatten erzeugt und sie mit Bleistift auf Papier gezeichnet.

■ Macht ihre Versuche nach.
Stellt dazu den Schattenstab auf den Arbeitsbogen.
Versucht herauszufinden, wie Franzi und Dani die Taschenlampe gehalten haben.

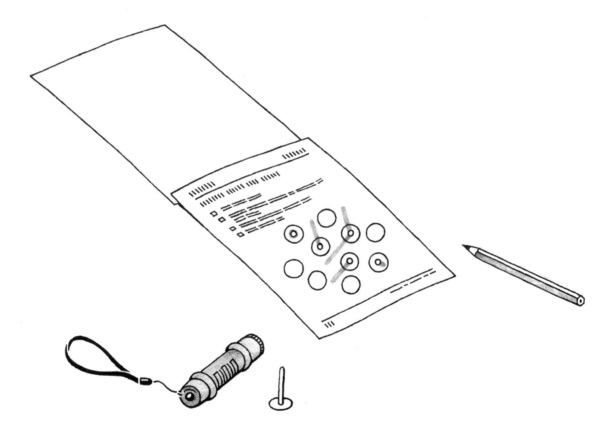

Lösungsversteck: Nach hinten falten! Nicht abgucken, sondern erst zum Schluss bei der Kontrolle benutzen!

Er ist umso länger, je tiefer man die Lampe hält.
Der Schatten fällt immer in die Richtung, in die das Licht strahlt.

© 2014 Cornelsen Schulverlage GmbH, Berlin. Alle Rechte vorbehalten.

Arbeitsbogen „Schatten, lang und kurz"

■ Stellt den Stab in die runden Felder.

■ Wenn der Schatten schon eingezeichnet ist, findet heraus, wie Franzi und Dani die Taschenlampe gehalten haben.

■ Wo noch kein Schatten eingezeichnet ist, erzeugt ihr ihn und zeichnet ihn ein.

■ Versucht, den längsten Schatten und den kürzesten Schatten herzustellen.

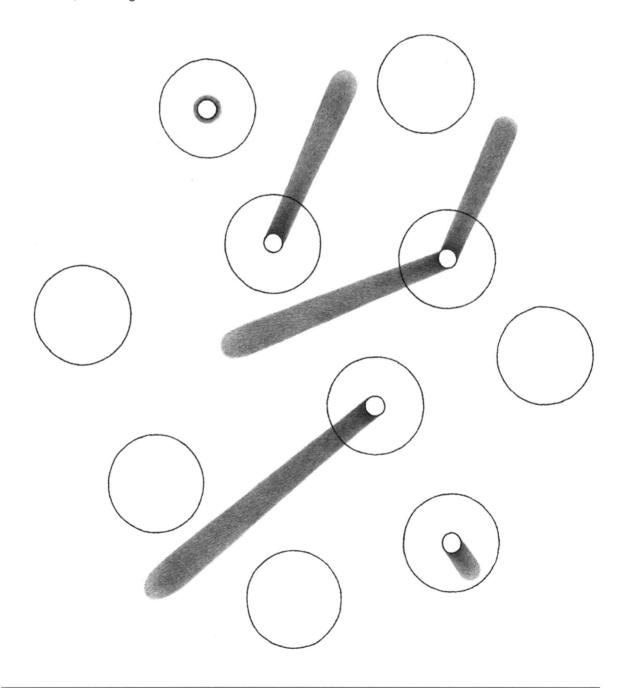

© 2014 Cornelsen Schulverlage GmbH, Berlin. Alle Rechte vorbehalten.

Schattenfiguren – Blatt 1

Material:
1 Projektionsschirm
2 Kreuzständer
die große Taschenlampe aus der Box

■ Baut das Schattentheater auf, wie auf dem Bild dargestellt.

■ Auf Blatt 2 findet ihr Vorschläge, wie man mit den Händen Schattenfiguren bilden kann.

Lösungsversteck: Nach hinten falten! Nicht abgucken, sondern erst zum Schluss bei der Kontrolle benutzen!

Man kann mit den Händen Schatten werfen, die gar nicht nach Händen aussehen. Je näher man die Lampe an die Hände hält, umso größer sind die Schatten.

© 2014 Cornelsen Schulverlage GmbH, Berlin. Alle Rechte vorbehalten.

Schattenfiguren – Blatt 2

■ Sicher fallen euch noch andere Vorschläge für die Schattenfiguren ein.

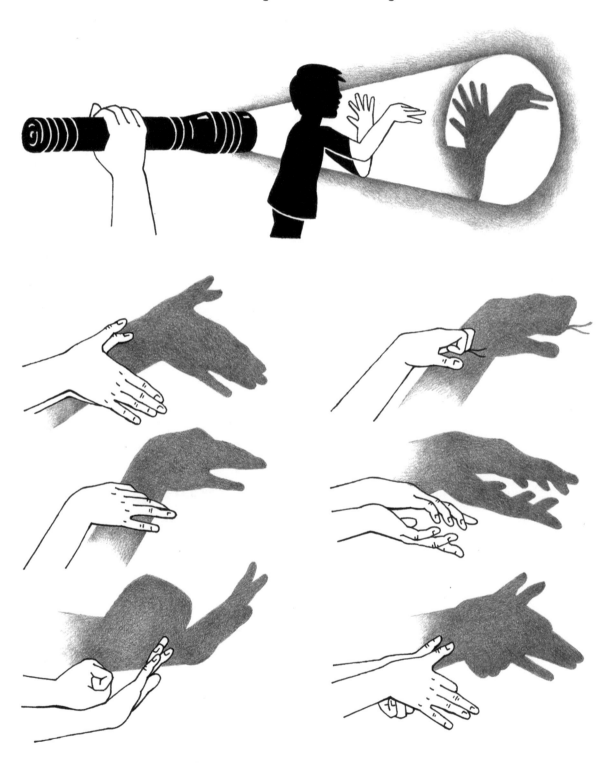

 © 2014 Cornelsen Schulverlage GmbH, Berlin. Alle Rechte vorbehalten.

Schattentheater (Preisausschreiben)

> **Material:**
> 1 Projektionsschirm
> 2 Kreuzständer
> 2 gelbe Kunststoffstäbe
> 1 kleine Taschenlampe mit Ständer
> 2 gleich große Figuren (Hunde) vom Ausschneidebogen
> Klebestreifen

Liebe Kinder!
Eine Preisausschreiben-Station?
Ja, wir suchen eine Spielregel für:

Das Spiel mit den Schattenhunden.

Obwohl sie gleich groß sind, können die beiden Hunde große und kleine Schatten werfen und miteinander spielen. Die Lampe darf nicht bewegt werden.

- Schneidet zunächst die Hunde auf dem Ausschneidebogen aus und klebt die Stäbe fest.

- Probiert das Spiel aus.

- Erfindet eine Spielregel.
  Je lustiger das Spiel und je einfacher eure Regel ist, umso besser.

- Schreibt uns die Spielregel auf.

- Die beste Klasse bekommt einen Preis.

Lösungsversteck: Nach hinten falten! Nicht abgucken, sondern erst zum Schluss bei der Kontrolle benutzen!

Je weiter die Figuren vom Bildschirm sind, desto größer ist ihr Schatten.

© 2014 Cornelsen Schulverlage GmbH, Berlin. Alle Rechte vorbehalten.

Ausschneidebogen „Schattentheater"

© 2014 Cornelsen Schulverlage GmbH, Berlin. Alle Rechte vorbehalten.

Farbige Schatten

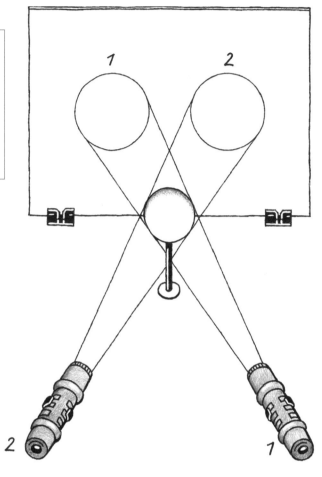

Material:
1 weiße Kugel mit Ständer
1 Projektionsschirm
2 Kreuzständer
2 Taschenlampen
1 Farbfilter rot
1 Farbfilter grün

Erster Versuch

▨ Baut den Versuch so auf, wie ihn Bild 1 zeigt.

▨ Erzeugt mit zwei Taschenlampen zwei Schatten der Kugel.
Welche Farbe haben die Schatten?

Bild 1

Zweiter Versuch

▨ Stellt Vermutungen an: Was wird aus den schwarzen Schatten, wenn ihr vor die Lampe 1 einen roten Filter und vor die Lampe 2 einen grünen haltet?

▨ Probiert es jetzt aus.

▨ Zeichnet Bild 1 ab und malt es so aus, wie ihr die Farben gesehen habt.

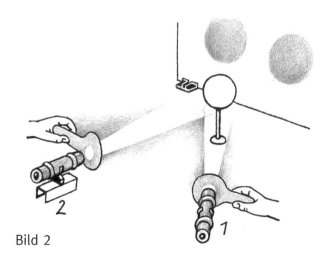

Bild 2

Lösungsversteck: Nach hinten falten! Nicht abgucken, sondern erst zum Schluss bei der Kontrolle benutzen!

Hinter der Lampe 1 mit dem roten Filter ist ein grüner Schatten von der Kugel zusehen, die Lampe 2 mit dem grünen Filter wirft einen roten Schatten.

© 2014 Cornelsen Schulverlage GmbH, Berlin. Alle Rechte vorbehalten.

Unterschiedliche Schatten – Blatt 1

> **Material:**
> 1 Projektionsschirm
> 2 Kreuzständer
> 1 Satz Materialproben
> 1 Taschenlampe mit Ständer

◼ Durchleuchtet die Materialien mit der Taschenlampe.

◼ Findet heraus, wie sich die Schatten unterscheiden.

◼ Welche Materialien erzeugen einen grauen Schatten, einen farbigen oder einen schwarzen?
Legt sie in die passenden Felder.

grau	farbig	schwarz

◼ Welche Materialien ergeben einen hellen, welche einen dunklen Schatten?
Legt sie in dieser Reihenfolge.

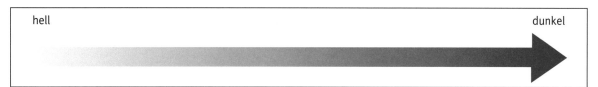

◼ Versucht, eure Ergebnisse in Worten zu beschreiben. Blatt 2 hilft euch dabei.

© 2014 Cornelsen Schulverlage GmbH, Berlin. Alle Rechte vorbehalten.

Unterschiedliche Schatten – Blatt 2

Wenn man die Ergebnisse der Versuche von Blatt 1 beschreiben will, braucht man folgende Begriffe:

Lichtdurchlässig, durchsichtig, undurchsichtig, transparent ...

Mit den folgenden Versuchen wird alles klar:

■ Haltet die Materialproben vor eure Augen. Schaut hindurch und legt sie in den passenden Kasten:

Durchsichtige Materialien	**Undurchsichtige Materialien**
Wenn man durch sie hindurch sieht, erkennt man alles ganz klar. Man sagt auch: **Sie sind transparent.**	Durch sie kann man nichts klar erkennen oder auch gar nichts sehen.

■ Haltet die Materialproben nun gegen das Licht einer Taschenlampe. Welche Materialproben lassen Licht durch und welche nicht?

■ Ordnet sie neu:

Lichtdurchlässig und durchsichtig (transparent).	Lichtdurchlässig, aber undurchsichtig.	Lichtundurchlässig.

Lösungsversteck: Nach hinten falten! Nicht abgucken, sondern erst zum Schluss bei der Kontrolle benutzen.

Es gibt Materialien, durch die man sehen kann. Man nennt sie durchsichtig oder transparent. Sie ergeben sehr helle Schatten. Andere lassen zwar Licht durch, aber man kann durch sie nichts erkennen. Sie werfen helle Schatten. Lichtundurchlässige Materialien werfen dunkle Schatten.

© 2014 Cornelsen Schulverlage GmbH, Berlin. Alle Rechte vorbehalten.

Licht und Schatten – Tag und Nacht – Blatt 1

Tag und Nacht

Die Kinder der Klasse 2b wollen wissen,
warum es Tag und Nacht gibt.
Wie kann man das herausbekommen?

Peter bringt ein Buch mit.
Er zeigt Bilder und erklärt:
„Das ist ein Foto der Erde.
Sie wird von der Sonne beschienen."

Der Pfeil soll zeigen, dass sich die Erde
um sich selbst dreht.

Dann holen Anja und Silke einen Globus:
„Der Globus ist ein Modell der Erde."

Lösungsversteck: Nach hinten falten! Nicht abgucken, sondern erst zum Schluss bei der Kontrolle benutzen!

Nacht bedeutet, dass wir auf der Schattenseite des Erdballs sind.

© 2014 Cornelsen Schulverlage GmbH, Berlin. Alle Rechte vorbehalten.

Licht und Schatten – Tag und Nacht – Blatt 2

„Hier ungefähr wohnen wir."

Anja sagt: „Wir nehmen eine Lampe als Sonne. Wenn wir den Globus drehen, können wir sehen, wie Tag und Nacht entstehen."

Peter sagt: „Die Erde dreht sich aber in Wirklichkeit viel langsamer."

„Willst du etwa 24 Stunden hier warten?", fragt Anja.

© 2014 Cornelsen Schulverlage GmbH, Berlin. Alle Rechte vorbehalten.

Licht und Schatten – Tag und Nacht – Blatt 3

> **Material:**
> 1 Ständer
> 1 Styroporkugel
> 1 roter Klebepunkt
> 1 Taschenlampe

Habt ihr die Blätter 1 und 2 gelesen?

■ Wollt ihr den Versuch der Klasse 2b wiederholen?
Das ist mit diesem Material möglich.

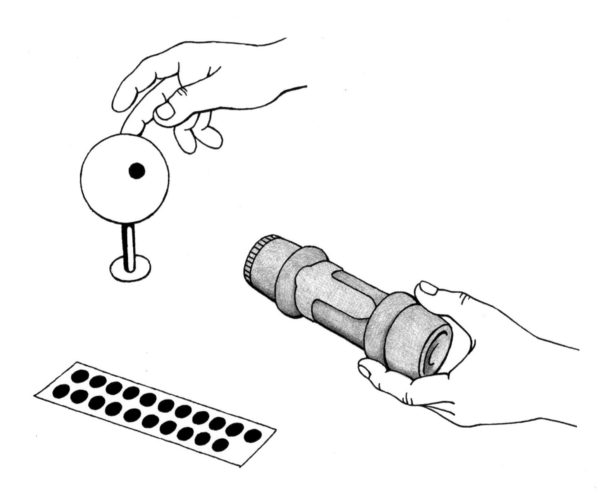

 © 2014 Cornelsen Schulverlage GmbH, Berlin. Alle Rechte vorbehalten.

Die Farben des Regenbogens – Blatt 1

> **Material:**
> Buntstift-Set aus der Box
> Prisma
> CD
> Kopien von Blatt 1 und Blatt 2

Einen Regenbogen kann man beobachten, wenn nach einem Regenschauer noch ganz feine Regentröpfchen in der Luft schweben und gleichzeitig die Sonne scheint.

Du siehst den Regenbogen allerdings nur dann, wenn du mit dem Rücken zur Sonne stehst.

Dann werden die Farben sichtbar, aus denen das weiße Licht besteht.

Wenn man Glück hat, sieht man sie alle.

Stellt Vermutungen an:

■ Wie viele Farben sind es?

■ Wie heißen sie?
Kontrolliert eure Vermutung und malt den Regenbogen im Bild hier aus.

■ Auch bei diesem Versuch kann man Regenbogenfarben sehen.
Vielleicht nicht alle.
Malt sie an die CD im Bild.

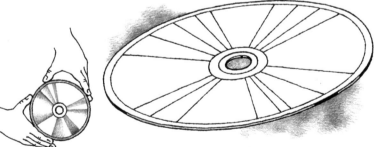

Lösungsversteck: Nach hinten falten! Nicht abgucken, sondern erst zum Schluss bei der Kontrolle benutzen!

Es sind sieben Farben. Wir zählen sie hier von außen nach innen auf:
1 Rot, 2 Orange, 3 Gelb, 4 Grün, 5 Blau, 6 Dunkelblau, 7 Violett.

© 2014 Cornelsen Schulverlag GmbH, Berlin. Alle Rechte vorbehalten.

Die Farben des Regenbogens – Blatt 2

Auch so könnt ihr Regenbogenfarben finden.
Schaut euch überall um.

Achtung: Schaut niemals in die Sonne, das ist sehr gefährlich für die Augen!

Ihr müsst wissen, dass man nur selten alle sieben Farben zu sehen bekommt.
Schaut euch im Klassenzimmer um.

Welche Farben seht ihr ?

■ Malt die Farben, die ihr gesehen habt, in die Felder in diesem Streifen:

1 Rot	2 Orange	3 Gelb	4 Grün	5 Blau	6 Dunkelblau	7 Violett

Lösungsversteck: Nach hinten falten! Nicht abgucken, sondern erst zum Schluss bei der Kontrolle benutzen!

Die 7 Regenbogenfarben kommen im Licht in eurem Klassenraum sicher nicht alle vor. Deshalb ist es auch irgend-
wie „anders" als Sonnenlicht.

© 2014 Cornelsen Schulverlage GmbH, Berlin. Alle Rechte vorbehalten.

Die Farben im Licht

Material:
1 Regenbogen-Brille
1 Farbkreisel
1 Taschenlampe

Unser weißes Licht besteht aus sieben Farben.

- Welche sind es?
  Eure Antwort könnt ihr mit dem Lösungsversteck kontrollieren.
  Mit Hilfe der Regenbogen-Brille kann man viele dieser Farben sehen.
  Die Brille macht dabei dasselbe wie die feinen Tröpfchen beim Regenbogen:
  Sie spaltet das weiße Licht in seine Farben auf.

Achtung: Schaut niemals in die Sonne, das ist sehr gefährlich für die Augen!

- Schaut euch um.
  Betrachtet auch das Licht einer Taschenlampe
  und der Deckenlampe.

- Welche Farben seht ihr?

Diskutiert:
- Wenn man weißes Licht in Farben
  aufspalten kann, ist es dann vielleicht
  auch möglich, Farben zu Weiß
  zusammenzufügen?

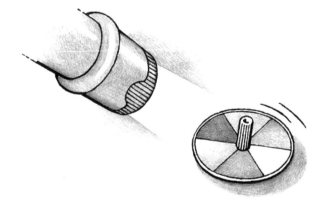

Lösungsversteck: Nach hinten falten! Nicht abgucken, sondern erst zum Schluss bei der Kontrolle benutzen!

In Station 21 werden die sieben Farben genannt:1 Rot, 2 Orange, 3 Gelb, 4 Grün, 5 Blau, 6 Dunkelblau, 7 Violett.
Wenn der Kreisel sich dreht, vermischen sie sich vielleicht nicht ganz zu Weiß, aber fast.

© 2014 Cornelsen Schulverlage GmbH, Berlin. Alle Rechte vorbehalten.